Katia Canton

OS CONTOS DE FADAS E A ARTE

Copyright © 2009 by Katia Canton

Todos os direitos reservados. Nenhuma parte desta obra pode ser reproduzida ou transmitida por qualquer forma ou meio eletrônico ou mecânico, inclusive fotocópia, gravação ou sistema de armazenagem e recuperação de informação, sem a permissão escrita do editor.

Direção editorial
Soraia Luana Reis

Editora
Luciana Paixão

Editores assistentes
Thiago Mlaker
Deborah Quintal

Assistência editorial
Elisa Martins

Criação e produção gráfica
Thiago Sousa

Assistentes de criação
Marcos Gubiotti
Juliana Ida (projeto de capa)

CIP-Brasil. Catalogação-na-fonte
Sindicato Nacional dos Editores de Livros, RJ

C234c   Canton, Katia, 1962-
         Os contos de fadas e a arte / Katia Canton. - São Paulo: Prumo, 2009.

         ISBN 978-85-7927-032-1

         1. Contos de fadas - História e crítica. I. Título.

                                                              CDD: 398.2
09-5465.   CDU: 398.21

Direitos de edição para o Brasil: Editora Prumo Ltda.
Rua Júlio Diniz, 56 – 5º andar – São Paulo/SP – CEP: 04547-090
Tel: (11) 3729-0244 – Fax: (11) 3045-4100
E-mail: contato@editoraprumo.com.br
Site: www.editoraprumo.com.br

SUMÁRIO

A HISTÓRIA DAS HISTÓRIAS
A ERA DOS CONTOS DE FADAS.. 7
O QUE SÃO CONTOS DE FADAS?.. 9
O INÍCIO E A ORALIDADE: BERÇOS NARRATIVOS........................ 10
VERSÕES: QUEM ESCREVE UM CONTO.. 13
A EXPRESSÃO "ERA UMA VEZ"... 18

A HISTÓRIA DOS AUTORES
ERA UMA VEZ...
   CHARLES PERRAULT: MORALIDADE
   E SENSO DE HUMOR.. 23
   MEUS CONTOS FAVORITOS DE PERRAULT................................ 27
   OS IRMÃOS GRIMM: VALORES POPULARES
   E UM NOVO JEITO DE CONTAR HISTÓRIAS............................... 30
   ANDERSEN: A FORÇA QUE VEM DA DIFERENÇA....................... 37

ESTUDOS DE CASOS
CONTOS E RECONTOS
   CINDERELA
      CINDERELA OU CENDRILLON
      DE CHARLES PERRAULT... 47
      CINDERELA DOS IRMÃOS GRIM... 56
      PROPOSTAS DE OFICINAS... 66
   CHAPEUZINHO VERMELHO
      CHAPEUZINHO VERMELHO DE CHARLES PERRAULT............ 68
      CHAPEUZINHO VERMELHO DOS IRMÃOS GRIMM................ 71
      PROPOSTAS DE OFICINAS... 76

A HISTÓRIA DAS HISTÓRIAS

A ERA DOS CONTOS DE FADAS

É um enorme prazer falar sobre os contos de fadas e suas múltiplas versões, recriadas por autores de diferentes épocas e ilustradas por muitos artistas ao longo do tempo. Na verdade, sou uma apaixonada pelos contos de fadas, que tanto alimentaram minha infância, nas narrativas mágicas que eu ouvia diariamente, da minha tia-avó, Cecília. No decorrer do tempo, essas histórias tornaram-se o tema de minha tese de doutorado, defendida no Programa de Artes Interdisciplinares, na Universidade de Nova York, nos Estados Unidos, em 1993.

De maneira geral, para mim, a grande lição dessa pesquisa acadêmica, que durou quase oito anos, foi a de que os contos de fadas não são textos atemporais e neutros, como a indústria cultural muitas vezes nos faz crer. Quer dizer, cada conto de fadas possui um autor e um contexto, que será fundamental para definir a "voz do texto", com sua moral, seu estilo e as características particulares de seus personagens.

Lembro-me de ter lido muitos livros, assistido a peças e filmes e visto até comerciais sobre contos como *Cinderela*, *A Branca de Neve*, *O Patinho Feio*, entre tantos outros, sem que houvesse qualquer referência a seu autor e seu tempo. Na verdade, o primeiro livro que ganhei de presente na infância era intitulado *Chapeuzinho Vermelho*. Autor? Nenhum, ou melhor, nenhuma menção específica a uma ou outra versão entre tantas que recontam essa narrativa...

Mas os contos de fada têm sua própria história.

É certo que os contos de fadas normalmente têm uma complexa linhagem de descendência, que surge nos primórdios da tradição oral, passando por manuscritos medievais — a maioria deles, anônimos — e chegando, a partir da invenção da prensa, até à literatura.

Podemos considerar que o início das narrativas surge juntamente com a descoberta da comunicação, desde os tempos pré-históricos, quando os seres humanos começaram a desenhar nas cavernas, particularmente, quando começaram a dominar a linguagem.

Naquele momento, cerca de 10.000 a.C., já havia a necessidade de contar as histórias sobre o cotidiano que os seres humanos viviam, assim como suas crenças, ligadas à transcendência. Sim, porque com os limites que a vida humana sempre apresentou — seja na pré-história ou na era contemporânea, com suas invenções e dificuldades singulares —, os humanos sempre recorreram às histórias, às crenças e aos mitos.

Se a realidade de um homem na era pré-medieval era violenta e difícil, ao menos nas histórias inventadas e contadas, ele virava um herói sempre resgatado por alguma ajuda mágica. E ficava rico ou vivia feliz para sempre ao lado de sua princesa...

O QUE SÃO CONTOS DE FADAS?

Quem nunca ouviu falar ou não conhece os contos de fadas? Eis um tema que parece unir as mais diferentes pessoas, crianças e adultos, de todas as culturas, idades, cores, lugares... Só que, apesar da popularidade, poucos conhecem de fato suas origens e desenvolvimentos históricos.

Na verdade, o termo "contos de fadas" não se refere aos contos da tradição oral, mas sim a textos literários, relativamente recentes — eles começam a ser publicados no século XVII —, que por sua vez se originam dos contos populares de magia, vindos da tradição oral. Esses últimos, sim, são muito, muito antigos e provavelmente surgem junto com a própria vida humana, iniciando um complexo processo de civilização.

A imagem de pessoas reunidas em volta do fogo contando histórias espelha uma tradição muito importante que surge desde os primórdios da vida humana e se liga sobretudo aos camponeses que, contando histórias, expressavam seus desejos de obterem uma vida melhor.

De fato, a realidade de certas classes nas sociedades pré-capitalistas era provavelmente tão difícil e brutal que, ao menos nos contos, uma camponesa podia se transformar em princesa, com a ajuda mágica de uma fada, e quem sabe até viver feliz para sempre.

Quer dizer, desde o início, os contos possuíam essa capacidade simbólica de transcender a realidade em busca do sonho, do desejo, da criação.

Ao contrário do que muitos pensam, os contos de fadas não são textos atemporais e neutros.

É sempre importante lembrar que cada história, em sua versão, agrega em si valores particulares, ligados à história e ao contexto do autor que a escreveu ou transcreveu, somados a valores universais, que estão na espinha dorsal ou na estrutura desse conto. É por isso que, por exemplo, a *Cinderela* de Charles Perrault, escrita na França, no século XVII, é bem diferente da *Cinderela* dos irmãos Grimm, que vem da Alemanha do século XIX.

O INÍCIO E A ORALIDADE: BERÇOS NARRATIVOS

Existem berços culturais muito importantes para a formação e o fortalecimento dos contos orais, que chamamos de contos populares de magia, antecessores dos contos de fadas literários.

Culturas, como a africana, a árabe, a japonesa, a italiana e a russa, representam focos fundamentais na evolução da tradição dos contos de fadas, gerando bases referenciais no fortalecimento do papel dos contos na história da humanidade.

A começar pela África, onde a própria civilização se inicia, passando pelo mundo árabe, responsável pela autoria dos contos das *Mil e Uma Noites*, que, sobretudo a partir do século XVIII, penetraram a cultura ocidental através de traduções que encantaram e tanto influenciaram a tradição dos contos de fadas no ocidente. O Japão, outro foco de influência fundamental, onde os contos surgem no contexto da cidade medieval, particularmente na sofisticada cidade de Kyoto, e não no meio rural, entre os camponeses, como na maioria dos outros países. Podemos também falar da Itália, com suas muitas comunidades e seus dialetos, sua tradição de companhias de comediantes, contadores de história, saltimbancos, deslocando-se constantemente para contar histórias, transmitindo constantemente através da oralidade seus manuscritos medievais e anônimos, que por sua vez originaram a obra de importantes escritores renascentistas, responsáveis pelas primeiras versões escritas dos contos, ainda para adultos, como é o caso de Giovan Francesco Straparola ou Giambattista Basile.

Finalmente, podemos pensar nos contos da Rússia, outro país com forte tradição de contos de fadas, terra natal do referencial estudioso estruturalista dos contos, Vladimir Propp, que no início do século XX sistematizou a espinha dorsal das histórias, criando em sua *Morfologia do Conto Maravilhoso*[1], um verdadeiro alfabeto para as histórias. A Rússia também se destaca como o país dos balés contos de fadas, como *Cinderela, A Bela Adormecida, o Lago dos Cisnes*. Graças ao coreógrafo Marius Petipa, importado da França pelo czar para promover o luxo e buscar aquecer um sistema sociopolítico que estava em plena crise já em meados do século XIX (e acabou deflagrando a Revolução Russa, em 1917, que encerrou o sistema czarista e transformou a Rússia em um país socialista, rebatizado na época de União Soviética), esses balés são clássicos que estão no repertório das grandes companhias internacionais de dança até hoje.

Ainda valeria a pena citarmos aqui os contos populares de muitos outros países, como a China e a Índia, muito ricos para o repertório narrativo da humanidade. Na verdade, acredito que cada

---

[1] Propp, Vladimir Iakovlevich. Rio de Janeiro: Forense-Universitária, 1984.

comunidade, por menor que seja, contém seu próprio repertório de histórias.

Mas continuemos adiante, pois aqui estamos focando nos contos de fadas, isto é, nos seus produtos literários. E temos bastante a falar e a fazer sobre o assunto.

VERSÕES: QUEM ESCREVE UM CONTO

Uma das coisas mais fascinantes que descobri em minha pesquisa sobre os contos de fadas foi a variedade com que uma mesma história pode aparecer e reaparecer ao longo de diferentes contextos históricos.

Folcloristas estudiosos dos contos de fadas classificam *Cinderela* como o tipo mais popular de conto existente em todo o mundo, em todas as épocas. Há cerca de mil versões contabilizadas dessa narrativa, que podem variar de textos da Grécia Antiga, no século VI a.C., da China no primeiro milênio, até as interpretações norte-americanas de Walt Disney, nos anos 1940.

Mas, sem dúvida nenhuma, a mais popular versão dessa história, ao menos aquela que ficou celebrizada nas nossas mentes e corações ocidentais é justamente a que foi criada por um bem relacionado burguês chamado Charles Perrault, no século XVII, na França barroca. Foi ele quem imortalizou o sapatinho de cristal, símbolo da necessária delicadeza e refinamento atribuídos às mulheres bem educadas da época. Falaremos mais sobre isso adiante.

Na verdade, a criação dos contos de fadas se liga à capacidade humana de se comunicar. Ao mesmo tempo em que nossos ancestrais adquiriam a linguagem para poder melhor atender às necessidades básicas de alimentação, proteção e proliferação, também a utilizaram para transcender os limites — muitas vezes, duros, cheios de brutalidade e escassez — da realidade cotidiana com a capacidade de narrar, fantasiar, recriar suas vidas na forma de histórias.

Assim surgem as primeiras histórias orais, que são matrizes dos mitos, das fábulas e dos contos de fadas. Nessa linhagem de descendência, os contos passam pela tradição oral, pelos manuscritos medievais e chegam à Europa pelos livros impressos, a partir da invenção da prensa por Gutenberg, em 1440.

Na época de Perrault, que viveu entre os séculos XVI e XVII, a prensa de tipos móveis já era difundida. Não é à toa que essa foi chamada de "era dos contos de fadas".

Nesse tempo, a França era o país mais importante e refinado da Europa. Luis XIV, que o governava, era tão importante e centralizador que o chamavam de Rei-Sol, brilhando e dominando todos os outros. A França ditava as modas das roupas, das músicas, dos costumes, dos balés, das óperas, para os outros países seguirem.

O grande estilo daquele momento histórico era o barroco. E a corte barroca de Luis XIV, composta pelos nobres que rodeavam o Rei-Sol, viviam confortavelmente no luxo, em meio aos milhares de aposentos do Palácio de Versailles. Tanto as mulheres como os homens da tal corte se vestiam de maneira luxuosíssima. Eles colocavam pó de arroz no rosto, vestiam perucas de cabelos brancos e cacheados, faziam pintas falsas no rosto. As roupas eram pesadas, cheias de saiotes e espartilhos para as mulheres e camisas e golas para os homens. Eles chegavam a demorar mais de uma hora apenas para se vestir e ir tomar chá nos belos e amplos salões de Versailles.

Justamente no final do século XVII, quando a invenção da prensa de tipos móveis de Gutenberg já havia sido difundida e a corte francesa, sob a sociedade barroca do rei Luis XIV, comandava a cultura europeia, surgia na Europa um novo gênero literário: o conto de fadas.

Nesse momento, acontece mesmo um verdadeiro modismo, em que as classes dominantes ouvem as histórias contadas pelo povo e as transformam, adequando-as a uma linguagem literária e às necessidades civilizatórias da época, tendo agora como alvo a educação das crianças.

Durante esse chás, em meio a bolos e tortas, a moda dos contos de fadas começou a ser difundida. Madames da corte, como a Madame d'Aulnoy, Mlle. L'Héritier, Mme. Catherine Bernard, Mme. Jean de Maily, Mme. de Beaumont, Mlle. de Lubert, além do talentoso Perrault, criam versões refinadas e preciosas, adaptando-as de histórias orais, que tinham muitas vezes ouvido de seus criados.

Do mesmo modo como os contos orais mudam constantemente por meio de narrações sucessivas — afinal, "quem conta um conto aumenta um ponto" — os contos de fadas literários são expressos de maneiras diferentes, conforme condições sociais, históricas, culturais e estéticas diferentes.

Se cada narrativa, em sua versão singular, agrega em si valores particulares, ligados à história e ao contexto do autor que a escreveu ou transcreveu, somados a valores universais, que estão na espinha dorsal ou na estrutura desse conto, é fácil entender porque a *Cinderela* de Charles Perrault, escrita na França, no século XVII, é bem diferente da *Cinderela* dos irmãos Grimm, que vem da Alemanha do século XIX.

Para compreender bem uma história é interessante entender seus aspectos simbólicos, assim como estudar a própria vida e estilo do autor, e também o contexto social e histórico em que viveu.

Veja *Chapeuzinho Vermelho*, por exemplo. Trata-se de uma história sobre a desobediência, ou a perda da inocência, que toma corpo em diferentes versões. Na primeira versão literária, de Charles Perrault, em 1697, a história tem uma mensagem certeira, sem direito a final feliz. A menina desobedece a mãe, seguindo o caminho errado, e é devorada pelo lobo. No final da história, um pequeno poema resume a lição de moral, assegurando ao leitor que não se deve confiar em estranhos.

Para escrever sua versão, é provável que Perrault tenha se baseado em outros contos da tradição oral. Há muitas tradições ligadas a esse tema, como por exemplo, o conto popular intitulado *A História da Avó*, que não era dirigido às crianças. Nele, o lobo come a avó e oferece a Chapeuzinho um pouco de seu sangue e de sua carne.

Já a versão dos irmãos Grimm, a que conhecemos melhor hoje, é a mais suave e adaptada ao público infantil. Nela, Chapeuzinho também é engolida pelo lobo, depois da avó, mas é salva por um lenhador, que escutando barulhos estranhos, descobre o lobo pançudo. Abre-lhe a barriga, retira Chapeuzinho e a vovó, e depois enche-lhe a barriga de pedras. Quando vai beber água no rio, o lobo morre afogado, afundando nas águas com seu sobrepeso.

Essa versão, criada pelos irmãos Grimm, pode ter sido baseada nas versões orais e de seu antecessor, combinada ao mito grego de Cronos, que engole seus filhos, que conseguem sair de sua barriga e depois enchê-la de pedras.

A EXPRESSÃO "ERA UMA VEZ"

Quase todos os contos de fadas ao redor do mundo, começam com a célebre expressão: "Era uma vez". Mas poucos sabem de sua história.

Foi o francês Charles Perrault quem a utilizou pela primeira vez, em 1649, em um poema chamado *Os Desejos Ridículos*, escritos para adultos. Nele, a expressão só aparece no meio do texto, no verso 21. Posteriormente, o escritor retoma-o em seu primeiro conto de fadas, intitulado *Pele de Asno*. Como essa expressão funciona perfeitamente para introduzir histórias, fazendo soar como se o tempo estivesse suspenso, para criar um clima mágico, Perrault passa a usá-la constantemente, tornando-a uma marca. Para se ter uma ideia, o "era uma vez" foi usado em seis dos sete contos que formariam sua primeira compilação de contos de fadas dedicados a crianças, escritos sob a fictícia autoria de "Mamãe Gansa".

Pensando nessa relação entre tradição e transformação, vamos comentar um pouco sobre a vida e obra de três dos mais importantes nomes da história dos contos de fadas no mundo ocidental. Trata-se do francês Charles Perrault, pioneiro na criação dos contos dedicados às crianças, os irmãos Grimm, da Alemanha, autores das mais belas versões dessas histórias, e o dinamarquês Hans Christian Andersen, introdutor dos contos de fadas modernos, que abriu caminho para nomes como o italiano Carlo Collodi (1826-1890), autor de *As Aventuras de Pinnochio*, Lewis Carroll (1832-1898), com *Alice no País das Maravilhas*, Oscar Wilde (1854-1900), criador de narrativas como *O Príncipe Feliz*, ou ainda o escocês James Matthew Barrie (1860-1937), autor de *Peter Pan*.

Com suas diferentes versões para histórias muito conhecidas, os autores de contos de fadas recriam as narrativas da mesma forma em que somos convidados a recriar outros textos e novas imagens para eles. Na verdade, criar e recriar novas versões dessas histórias segue um fluxo que caracteriza a própria essência e razão de existência dessas histórias.

A HISTÓRIA DOS AUTORES

ERA UMA VEZ...

CHARLES PERRAULT: MORALIDADE E SENSO DE HUMOR

Era uma vez um refinado burguês chamado Charles Perrault (1628-1703). Nascido em Paris, vindo de uma família rica, ele se formou advogado.

Mas, aos poucos, seu interesse foi convergindo cada vez mais para a literatura. Publicou, em 1659, os poemas "Retrato de Íris" e "Retrato da voz de Íris", que abriram as portas para sua nova carreira como poeta oficial da corte de Luis XIV.

Em 1663, Perrault tornou-se secretário do ministro Colbert, tornando-se um político poderoso, controlador das finanças do governo. Em 1671, inclusive, Perrault foi eleito membro da Academia Francesa de Letras. Nessa posição, ocupou-se da chamada *Querela entre os Antigos e Modernos*, opondo-se contra outros escritores que defendiam a soberania da língua grega clássica. Perrault e seus conterrâneos insistiam na importância da língua e da cultura francesa e defendiam seus textos como valores culturais de seu país.

Em 1672, aos 44 anos, ele se casou com Marie Guichon. A esposa morreu no parto do caçula e deixou Perrault viúvo, com quatro crianças para criar. O escritor, que sempre frequentou os salões de chá e saraus com recitais de contos de fadas, promovidos por sua sobrinha, Mademoiselle L'Heritier, e por Madame D'Aulnoy, valorizava cada vez mais esses eventos, tornando-se gradativamente o mais conhecido e importante autor de contos de fadas de sua época.

Apesar de ser visto por muitos como um escritor de contos para crianças, é bom lembrar que os contos de fadas não eram exclusivamente destinados ao público infantil. Não havia sequer essa separação entre o que é feito para adultos e o que é feito para crianças até a passagem do século XVII para o XVIII.

A noção de *civilité* e seu foco voltado para as boas maneiras, o discurso refinado e a repressão sexual, que impunha normas definidas de conduta, era acompanhada por uma preocupação cada vez maior com as crianças, principalmente nas classes sociais mais altas. Se até o século XVII as crianças eram vistas e tratadas como pequenos adultos, nesse momento eles passam a receber uma atenção especial. Livros, brinquedos e maneiras especiais foram desenvolvidos para educá-las, fornecendo modelos de comportamento perfeito.

Embora a moda dos contos de fadas incluísse histórias para adultos, muitos escritores começaram a moldá-las para atender especificamente às crianças, tornando-se veículos de civilização, já que a ideologia dos contos preparava as crianças para seus futuros papéis sociais. As histórias são particularmente talhadas para ensinar as meninas como se portar, como se vestir, como falar, como comer, como ser uma boa esposa....

Charles Perrault tornou-se o escritor mais aclamado nesse universo. Seu talento inclui o domínio da linguagem aliado a um humor refinado, que muitas vezes apoia abertamente os códigos da aristocracia barroca de Luis XIV, mas que também faz críticas sutis a seus exageros. Perrault também é exímio na criação de moralidades, que fecham cada conto com um poema, que resume a lição de moral ou de *civilité* que ele intenciona transmitir ao leitor.

O primeiro conto de fadas escrito por Charles Perrault foi *Pele de Asno*, em 1694, em versos, seguido de uma versão em prosa de *A Bela Adormecida no Bosque*, publicada na revista literária *Mercure Galante*. Também em 1696, Madame L'Heritier, sobrinha de Perrault, publicou *L'adroite princesse ou lês aventures de Finette*, enquanto

Madame Catherine Bernard incluiu dois contos de fadas em seu romance *Inês de Cordue*.

No ano seguinte, em 1697, Perrault fez enorme sucesso com o livro *Histoires ou Contes du Temps passé* — também conhecido como *Histórias da Mamãe Gansa* — contendo oito contos de fadas. Anos depois, Mme. de Villeneuve preparou a história de *A Bela e a Fera*, em uma narrativa longa e intrincada, que posteriormente foi adaptada em uma versão mais curta, tal como nós a conhecemos hoje, e relançada na publicação *Le Magasin des Enfants*, em 1757.

Os contos de fadas se tornaram uma verdadeira coqueluche na corte barroca francesa. Dizem que o próprio Rei-Sol não dormia à noite sem antes ouvir essas histórias. E o poderoso Ministro Colbert vivia pedindo para que lhe recontassem sua narrativa preferida: *Pele de Asno*.

Contos de fadas se popularizavam em peças de teatro, livros, conversas nos salões de chá e saraus. A sociedade francesa foi inundada com essas histórias, que eram recriadas a partir da tradição popular oral, além da adaptação de manuscritos medievais italianos e dos contos orientais, que viraram também modismo e começaram a ser traduzidos na França no começo do século XVIII. Parte de *Mil e Uma Noites* foi publicada em francês em 1704 por Antoine Galland, e uma coleção de contos persas chamada *Mil e Um dias*, foi publicada em 1707 por Petit de Lacroix.

A força dessa moda está ligada a sua capacidade de lidar com a moral e os costumes, isto é, com as noções de civilização, ou *civilité*, em francês.

MEUS CONTOS FAVORITOS DE PERRAULT

Pele de Asno é conto obrigatório, já que foi pioneiro. A história fala de uma menina linda e doce, que tem que tomar uma atitude corajosa e drástica para livrar-se do desejo do pai, viúvo, de cometer um ato proibido: casar-se com a própria filha. A menina docemente abre mão de seu conforto para se manter fiel a seus princípios e é recompensada por isso com a mão de um príncipe que a desposa. Perrault descreve as dificuldades da garota, mas mostra que ela não é necessariamente passiva: com um sutil senso de humor, pondera a possibilidade de ela ter deixado cair de propósito seu belo anel dentro de um bolo que seria oferecido para o príncipe. Com esse pequeno truque ou acaso, ela muda sua sorte.

A Bela Adormecida no Bosque é uma adaptação de uma história medieval que relata um estupro. Porém, na versão de Perrault, este fato é romanceado, e conta, então, a história de um nobre que chega de uma Cruzada e se apaixona por uma linda moça.

Eles se casam e têm dois filhos: o Dia e a Aurora. Porém, a mãe do rapaz era uma Ogra, dessas que adoram comer criancinhas. Enquanto se preparava para devorar seus netos, a Ogra cria um molho para temperar a carne tenra das crianças. Neste ponto da história, Perrault, conhecido por suas pitadas de humor, comenta a sofisticação da cozinha francesa, descrevendo o *Molho Robert,* feito com caldo de carne, farinha, manteiga, cebola, vinagre, e mostarda, ideal para temperar carne vermelha.

Barba Azul e *Chapeuzinho Vermelho* são lições claras de comportamento, alertando a mulher contra sua curiosidade nata e sua tendência à falta de disciplina. Adaptados de histórias que incluem erotismo, elas explicam a necessidade de a mulher lutar contra essa curiosidade e obedecer às mães e aos familiares, mantendo-se dentro dos limites sociais estabelecidos para elas. Aqui também não falta um certo humor, como na descrição da barba azul, que tornava o marido carrasco uma vítima dele mesmo, e no diálogo entre Chapeuzinho e o lobo disfarçado de vovó.

O Gato de Botas é cheio de graça e rebeldia. Ele mostra a vitória da inteligência e da astúcia sobre o destino institucionalizado das pessoas e das coisas. O gato, aparentemente a pior e mais insignificante forma de herança deixada para o filho caçula, prova ser o maior dos tesouros, que leva seu dono, com casos de muito humor, a tornar-se braço direito do rei e marido da princesa.

Finalmente, *Cinderela*, o mais popular conto do mundo, se desenvolve em sua versão com beleza e complexidade. Cinderela é muito doce e boazinha, fazendo os serviços domésticos sem reclamar. Perrault também acentua suas boas maneiras, descrevendo como ela sabe comer com garfo e faca e como divide suas porções de frutas exóticas, que o príncipe lhe oferece, com as irmãs. O autor ainda dedica-se à descrição dos materiais e das formas de roupas e adereços usados pela moça para ir ao baile e conquistar o príncipe. Prata, ouro e pedras preciosas são utilizadas no vestido, e um emblemático par de sapatos de cristal testemunham sua leveza.

Tal como *Pele de Asno*, conto que tem a mesma classificação estrutural de *Cinderela* (segundo a *Morfologia do Conto Maravilhoso*), a protagonista é boa e bem educada, mas não é boba. Se em uma história a moça deixa seu anel cair dentro de um bolo, na segunda ela carrega o outro sapatinho de cristal e o entrega ao príncipe na hora da prova daquele que se perdeu nos pés das moças do reino. Dotada de uma personalidade generosa e superior, ela não mantém rancor das duas irmãs e as casa com cavalheiros da corte. Cinderela é a mais inteligente e diplomática: ela sabe que o melhor a fazer é manter a corte na paz, minimizando inimizades.

OS IRMÃOS GRIMM: VALORES POPULARES E UM NOVO JEITO DE CONTAR HISTÓRIAS

Era uma vez um país que ainda não era bem um país. Até o começo do século XIX, a Alemanha era dividida em vários principados diferentes, com costumes e dialetos diferentes também. Até então ela não era o país de grande destaque literário e artístico que ser tornou ao longo da história.

Até sua unificação, os principados sofriam tensões e turbulências econômicas, sobretudo a partir de uma guerra chamada Guerra dos Trinta Anos, que aconteceu entre 1618 e 1648, e envolveu forças de poderes vindos de toda a Europa, mas que foi travada quase em sua totalidade nos territórios alemães.

Na segunda metade do século XVIII, surgiu então um movimento chamado *Sturm und Drang* [Tempestade e Ímpeto], que incluiu em seu programa o jovem escritor Goethe. O movimento buscava valorizar um sentido de identidade cultural alemã, rejeitando o que era considerado civilizado na época. Nesse momento da história era a França, com seus costumes sofisticados e suas noções de *civilité* (civilidade), que dominava todo o mundo europeu e ditava a importância do refinamento e da boa educação.

O *Sturm und Drang*, ao contrário, afirmava que as revelações mais importantes de uma cultura só podiam derivar de sua tradição popular. O movimento só durou dez anos, de 1770 a 1780, mas foi fundamental para fincar as bases da cultura alemã como um todo. Os irmãos Grimm, com certeza, foram influenciados por essas ideias.

Após o *Sturm und Drang*, por volta de 1795, o romantismo ganhou força e trouxe um sentimento ainda mais intenso de nacionalismo. Foi nesse momento que a cultura artística e literária alemã se destacaram. A Alemanha se tornou o centro da cultura da música e do pensamento filosófico, com as ideias de Hegel se espalhando por todo o continente europeu.

É nesse contexto de busca de raízes culturais que se afirma a carreira de dois irmãos: Jacob e Wilhelm.

Jacob Ludwig Karl Grimm e Wilhelm Karl Grimm nasceram em 1785 e 1786, respectivamente, na cidade de Hanau, perto de Frankfurt, e foram estudar no Ginásio Friedricks, em Kassel.

Mas é claro que a vida pessoal desses dois criadores brilhantes também foi uma influência fundamental para sua obra literária. Jacob e Wilhelm nasceram em uma família de classe média e eram os mais velhos de seis irmãos. Muito unidos, eles adoravam a vida no campo e conheciam bem o trabalho na fazenda, a natureza e os hábitos e superstições dos camponeses que viviam perto de sua cidade. Os dois foram criados sob uma rigorosa educação religiosa, dentro dos princípios morais e do senso de justiça do protestantismo, da Igreja Calvinista Reformada.

Seu pai, o advogado Philipp Grimm, morreu quando Jacob tinha 11 anos e Wilhelm, 10, e desde então os dois assumiram total responsabilidade pela casa e pela família. Em termos financeiros, a vida deles tornou-se bem mais difícil.

É importante considerar que juntamente com o interesse cultural e nacionalista do povo alemão, a morte prematura do pai também foi um marco fundamental nas pesquisas dos contos. É como se a reconstrução da tradição alemã também representasse um mergulho na própria ancestralidade deles.

Foi apenas com a ajuda de um parente que Jacob e Wilhelm foram mandados para uma boa escola em Kassel, o Ginásio Friedricks. Os dois irmãos eram muito unidos. Dormiam na mesma cama e, juntos, estudavam doze horas por dia, tornando-se os melhores alunos da classe. Mesmo em tempos difíceis, quando foram marginalizados por colegas e professores por serem mais pobres do que a maioria dos que ali estudavam, mantiveram uma postura íntegra e serena.

Finalmente, conseguiram estudar na Universidade de Marburgo e ali se especializaram em direito e filologia, o estudo amplo da língua. Envolvidos com o estudo da literatura e dos costumes do povo alemão, os dois começaram a coletar contos e material de origem popular em 1806.

Em 1807, as tropas do imperador francês Jerome Bonaparte invadiram e ocuparam Kassel, onde os Grimm viviam. O exército ficou lá até 1813, quando tiveram de abandonar a cidade, sendo derrotados em toda a Europa. Esse fato histórico aumentou ainda mais o fervor nacionalista nos dois irmãos.

O período em que eles coletaram e organizaram seus contos foi o da ocupação napoleônica e a intenção dos irmãos era a de opor-se à ocupação, fortalecendo um sentimento nacional.

Enquanto faziam isso, passaram por outras dificuldades. Wilhelm foi diagnosticado com asma e tinha o coração fraco. Jacob, por razões econômicas, foi obrigado a trabalhar como bibliotecário pessoal de Bonaparte, em Kassel, apesar de sua aversão ao domínio francês. Logo depois, a mãe deles morreu.

Mas nada impediu que, em 1812, a primeira edição de *Kinder und Hausmarchen* [*Histórias das crianças e da família*], incluindo baladas, canções e fábulas retiradas de suas pesquisas fossem publicadas.

É verdade que Jacob e Wilhelm tinham o desejo de criar um estilo verdadeiramente alemão de contos de fadas, tentando respeitar ao máximo o jeito popular de contar histórias.

De fato, eles estudaram, percorreram povoados, ouviram alguns informantes sobre versões que eles conheciam das histórias. Mas os irmãos somaram a tudo isso outras fontes importantes. Pesquisaram livros, rastrearam autores de outros tempos, como o francês Charles Perrault, e deram a suas versões toques pessoais, que refletiam suas próprias crenças e seus próprios ideais.

Os *Kinder-und Hausmarchen* [*Contos para Crianças e para a Família*] não continham apenas contos de fadas clássicos, mas também contos de magia, fábulas, lendas e canções. Foi a chamada *Pequena Edição*, incluindo os cinquenta *Zaubermarchen* (contos de fadas mágicos) que passou a ser reeditada popularmente através dos anos como a famosa coleção dos Grimm para crianças.

A compilação, publicada pela primeira vez em 1825, com dez edições posteriores, sendo a última em 1958, incluía contos como *Cinderela, Branca de Neve, Chapeuzinho Vermelho, O Príncipe Sapo*. É nessa *Pequena Edição* que podemos identificar com clareza os valores e a moral cristã, ligados à Igreja protestante, assim como a preocupação dos irmãos com justiça, sobrevivência, liberdade.

Jacob e Wilhelm não paravam de estudar e de publicar novas versões para seus contos.Um fato importante para o aprofundamento desse trabalho foi uma ocorrência política. Jacob e

Wilhelm se tornaram professores da Universidade de Gottingen mas, entre 1937 e 1841, junto com mais cinco professores, protestaram contra a abolição da Constituição liberal do estado de Hanover pelo Rei Ernest Augustus I. Os professores ficaram conhecidos como "Os 7 de Gottingen". Enquanto buscavam o direito às liberdades civis, protestando contra o ato do rei, foram despedidos de seus cargos.

Embora menos conhecido do que a autoria dos contos de fadas, o trabalho dos irmãos Grimm na academia foi importantíssimo. Eles trabalharam na publicação do primeiro dicionário, a mais ampla obra que padronizava a língua alemã desde que Lutero traduzira a Bíblia do latim para o alemão. O dicionário continha 33 volumes e pesava 84 quilos!

Em seus livros, no decorrer das diversas edições que publicaram e modificaram aos poucos, os irmãos Grimm criaram um estilo muito próprio de contar histórias. Cada vez mais, Jacob e Wilhelm utilizam uma forma mais direta e terna de escrever, usando diminutivos e palavras carinhosas, aproximando-se de seu público leitor.

A estrutura de suas histórias vai ganhando também uma forma muito paralela e simétrica, com repetições de acontecimentos e de refrões que penetram o texto de forma a reforçar suas ideias.

Com a paixão que eles tinham pelas fazendas e bosques, pela natureza e pelos camponeses, os irmãos Grimm também transformaram bosques e florestas no local fundamental de transformação dos personagens.

João e Maria precisam se perder na floresta para aprenderem a lidar com o inimigo (a bruxa) e conquistarem bens materiais e maturidade. É na floresta que Branca de Neve se esconde e que ganha uma nova família (os sete anões) e o amor de seu príncipe.

Em *O Príncipe Sapo*, é no meio do bosque que a princesa encontra o sapo e tem de lidar com o desafio de deixá-lo compartilhar de sua vida. É no bosque também que Chapeuzinho Vermelho encontra seu grande desafio, o lobo, e aprende finalmente as grandes lições de vida. É na floresta que Rapunzel vive quando se separa da bruxa, até que reencontra seu príncipe. Em *Cinderela* não há propriamente um bosque, mas a presença da natureza se faz fundamental: a ajuda mágica não vem de uma fada e sim de uma árvore e de uma pomba.

Os valores e ideais que os irmãos Grimm compartilham em suas histórias se mostram bem diferentes daqueles, por exemplo, presentes nos contos de Charles Perrault. Enquanto nos livros do francês as noções de civilidade eram explícitas, buscando educar as crianças com boas maneiras, Jacob e Wilhelm davam ênfase a qualidades como a força de sobrevivência, a justiça, a perseverança. Em seus textos, o bem se paga com o bem e o mal, com o mal.

É por isso que o rei obriga a princesa a aceitar o sapo comendo de seu pratinho e dormindo a seu lado, exatamente o que ela lhe prometera quando o animal fora buscar sua bola no lago. É por isso também que duas pombas cegam as irmãs invejosas de Cinderela, que terão de arcar com tudo de mal que fizeram à pequena. Ou que dois chinelos de fogo saem da fogueira e entram nos pés da madrasta da Branca de Neve, queimando-a viva.

Enfim, esses dois incríveis irmãos nos deixaram um legado potente, poético e cheio de lições de vida. Cabe a nós usufruir e fazer com que a simbologia e a força criadora dessas histórias continuem a alimentar o caráter e a imaginação de nossas crianças e, por que não, dos adultos também.

Wilhelm morreu em 1859 e Jacob em 1863. Os dois estão enterrados no cemitério de St. Matthaus Kirchnof, próximo a Berlim. Há um museu com o nome deles, o Museu Irmãos Grimm, na cidade de Kassel, Alemanha, que vale a pena ser visitado.

ANDERSEN: A FORÇA QUE VEM DA DIFERENÇA

Era uma vez um menino muito pobre chamado Hans Christian Andersen.

Ele nasceu em 1805, na cidade de Odense, na Dinamarca.

Seu pai, Hans Andersen, era sapateiro, e sua mãe, Anne Marie Andersdatter, lavadeira.
O dinheiro era muito pouco. A família vivia em um casebre e não pôde dar uma educação formal para Hans Christian.
O menino cresceu tímido e muito emotivo. Ele tinha vergonha por ser muito alto e ter traços considerados delicados e a voz muito fina. As pessoas não o compreendiam direito. Às vezes ele ficava muito nervoso com isso.
Sonhador e solitário, quando criança ele contava com o carinho do pai para criar fantoches, teatrinhos de sombra e recortes para contar em voz alta trechos de *As Mil e Uma Noites* e outros contos maravilhosos. Era o que mais gostava de fazer.
Mas quando o pai morreu, em 1816, a situação piorou muito para o menino Hans Christian. Ele foi obrigado a trabalhar e ganhar seu próprio sustento com apenas 14 anos.
Andersen tentou fazer várias coisas em troca de um pouco de dinheiro: foi aprendiz de alfaiate e operário em uma fábrica de fumo. Até que resolveu tentar a carreira artística, como cantor e ator. Mudou-se para a capital dinamarquesa, Copenhague, e então foi atrás do Teatro Real.
Lá ele teve uma sorte inesperada. Em 1822, conheceu Jonas Collin, um próspero oficial do governo e um dos diretores do Teatro Real.

Esse senhor gostou muito do menino e resolveu adotá-lo, assumindo todos os custos de seus estudos. Matriculou-o em um colégio interno e depois ainda pagou sua faculdade.

Em 1829, o talento de Andersen para a literatura veio à tona. Primeiro ele escreveu uma coleção de poemas, dedicado a Riborg Voigt, uma moça que, na época, era noiva de um farmacêutico local. Andersen nunca se casou com Riborg, mas quando ele morreu, em 1875, tinha pendurado no pescoço uma pochete de couro contendo cartas dela. Era mesmo um romântico solitário.

Na verdade, Hans Christian nunca se casou. Seu lirismo e sua dedicação amorosa foram derramados em seus belos textos. O primeiro romance foi escrito em 1835. Chamava-se *O Improvisador*. O livro é autobiográfico e conta a história de um pobre menino que descobriu seu lugar ao sol.

Pensando bem, todos os livros e contos de Andersen retomam esse tema também de *O Patinho Feio*, de alguém que sofre dificuldades e humilhações até descobrir seu grande valor.

Entre 1835 e 1872, Andersen dedicou-se exclusivamente a escrever seus contos. O primeiro volume, *Contos de Fadas e Histórias*, continha narrativas que ele tinha ouvido quando criança. Em 1837, no entanto, passou a criar suas próprias histórias. Entre elas estão *A Rainha da Neve*, A

Pequena Sereia, A Roupa Nova do Rei, A Princesa e a Ervilha, O Valente Soldado de Chumbo.

De maneira geral, na história dos contos de fadas, as narrativas passam da tradição oral às diferentes versões escritas que os autores vão consagrando a elas, de acordo com sua época e seu estilo pessoal. Foi assim com os manuscritos medievais italianos, como os textos barrocos de Charles Perrault, na França de Luis XIV, no século XVII e XVIII. Foi assim também com os irmãos Grimm, na Alemanha recém unificada do início do século XIX, onde a voz do povo passou a ser um jeito de legitimar a cultura germânica.

Com Andersen, porém, a história foi um pouco diferente. Dos mais de 150 contos de fadas que escreveu, apenas cerca de uma dúzia foram baseados na tradição oral e em versões de histórias pré-existentes. Todas as outras foram inventadas. Eis porque ele é chamado de "criador de contos de fadas modernos".

No decorrer de sua vida literária, Andersen criou um estilo inconfundível, carinhoso, muitas vezes triste, mas sempre cheio de fé.

Em suas histórias, o autor se identifica com personagens diferentes e marginalizados — considerados feios ou estranhos, ou ainda pequeninos ou grandes demais. O carinho e a atenção que dispensava a esses personagens fizeram com que seus textos se tornassem inesquecíveis e muito amados.

Em sua obra, o amor e a amizade sempre vencem. Às vezes Andersen cria finais alegres para suas histórias, como é o caso de *O Patinho Feio*, *A Polegarzinha* ou *A Rainha da Neve*. Outras vezes, no entanto, a vitória do amor se consagra de um jeito triste, muito triste até. É o caso de *A Pequena Vendedora de Fósforos* ou de *O Valente Soldado de Chumbo*, plenos de lirismo e coragem, diante de dificuldades que ultrapassam a vida.

Há também uma certa ironia na maneira como ele apresenta reis, princesas, pessoas nobres e ricas, de modo geral — figuras tão distantes de sua origem e de sua infância e tipos com que ele aprendeu a conviver quando adulto. Em *A Nova Roupa do Rei*, a vaidade do imperador é confrontada com a força e a autenticidade de uma criança. Em *A Princesa e a Ervilha*, o modo como uma princesa confirma seu sangue azul é através do incômodo nas costas, à noite, na cama, diante de uma ervilha colocada sobre vinte colchões.

Não dá para esquecer que, ainda menino, Andersen fora aprendiz de alfaiate e que, um pouco mais tarde, fora adotado pelo nobre senhor Collin. Aliás, jamais se pode esquecer o quanto as narrativas de Hans Christian Andersen são entremeadas de fatos reais de sua vida.

O Rouxinol, história que ele publicou após 1840, foi escrito em homenagem ao último grande amor de Andersen, Jenny Lind. Ela era uma cantora lírica sueca, por quem nosso escritor se apaixonou mais uma vez, sem ser correspondido. Seu apelido era justamente "rouxinol sueco".

Ficamos com sua linda herança, o conto.

Esse menino pobre, que foi adotado por um homem rico, aprendeu cedo muitas lições de vida. Ele dizia que sua própria vida era um conto de fadas, considerando que, com a ajuda de um patrono, ele driblou a pobreza e, com seu talento para escrever, conseguiu reconhecimento público, foi aceito nos círculos frequentados pelos ricos e poderosos de seu tempo.

Mas Andersen sempre se identificou com os mais fracos, atribuindo a eles o verdadeiro poder. É assim que clássicos como *O Patinho feio* e *Polegarzinha* mostram seres aparentemente frágeis e até marginalizados que no final se mostram verdadeiros heróis. No caso de *A Pequena Vendedora de Fósforos*, não se pode dizer que o final seja feliz, pois revela o destino muitas vezes brutal daqueles que são expostos à pobreza e ao descaso social. Porém, mesmo nessas condições tão difíceis, a protagonista é capaz de transcender as pequenezas do mundo, encontrando beleza e felicidade dentro de um reservatório espiritual, além da vida.

O Valente Soldado de Chumbo é outro exemplo de um personagem frágil apenas na aparência e na forma — ele é pequeno, é de brinquedo e só tem uma perna — mas que supera muitas dificuldades e mantém uma dignidade gigante até na hora de sua morte.

São quatro histórias que demonstram o enorme valor humano desses seres de aparência diminuta, fraca, pobre, diferente da maioria — tal como o próprio Hans Christian Andersen. Essas histórias são uma espécie de espelho narrativo do autor.

A Rainha da Neve trata também do mesmo assunto. A história, que é ainda pouco conhecida no Brasil, é a mais longa e complexa narrativa de Andersen, um dos maiores sucessos do autor na Europa. São sete histórias contidas dentro de uma só, recheadas de muitos personagens, cores e situações diferentes. Um conto sobre a amizade e o amor de uma menina por seu amiguinho, atingido pela frieza de coração. Aqui também temos a demonstração do verdadeiro poder de uma menininha corajosa, que sai pelo mundo afora atrás de seu grande companheiro de todas as horas. Por trás da pequena Alessandra se esconde uma poderosa heroína, que se revela pouco a pouco no decorrer da história.

Tanto em *A Rainha da Neve* como na maioria dos contos de Andersen, as características de seu país e de sua cultura se tornam marcantes. O frio rígido do inverno da Dinamarca, particularmente a neve, está continuamente recheando as histórias, exemplificando os obstáculos que os personagens têm que continuamente ultrapassar.

Em 1872, Andersen sofreu um acidente em sua casa e ficou muito fragilizado. Viveu mais três anos e acabou morrendo de forma calma e silenciosa, na casa de amigos queridos, que emprestaram uma simpática casa de campo perto de Copenhage, em 1875. Coincidentemente, a casa tinha um nome, chamava-se *Rotighed*, que em dinamarquês quer dizer calma.

O mundo das narrativas nunca mais foi o mesmo depois dele.

ESTUDOS DE CASOS

Vamos comparar aqui os dois mais populares contos de fadas do mundo, *Cinderela e Chapeuzinho Vermelho*, ambos nas versões de Charles Perrault, nos séculos XVII e XVIII, na França, e dos irmãos Grimm, na Alemanha do início do século XIX, respectivamente. A ideia é usar essas versões para uma série de oficinas e exercícios que combinam literatura e artes plásticas, para aplicação em salas de aula.

CONTOS E RECONTOS

CINDERELA

CINDERELA OU CENDRILLON DE CHARLES PERRAULT

Era uma vez um homem que tinha uma esposa elegante e uma filha linda.
Tudo em sua vida parecia ir às mil maravilhas.
Quis o destino, porém, que a mulher morresse muito cedo e ele, viúvo, resolveu se casar novamente. Conheceu uma mulher rica, altiva e que tinha um gênio explosivo, além de duas filhas bem estranhas.
Casou-se mesmo assim. Casou-se quase que por teimosia, já que não queria ficar sozinho. E depois disso, a vida nunca mais foi a mesma. Quem mais sofreu as consequências desse segundo casamento foi a filha dele. Quanto mais bem educada, doce e gentil era a menina, mais raivosa ficava a madrasta, já que isso fazia com que a aspereza, a falta de modos e a grosseria de suas próprias filhas ficassem mais evidentes.

Para evitar essa comparação, a mulher colocou a bela menina atolada dos mais pesados serviços domésticos. Como naquela época não havia eletricidade, a menina vivia no fogão à lenha e na lareira, dia e noite, limpando as cinzas deixadas pelo fogo. É por isso que foi apelidada de Cinderela, nome que remete às cinzas.

As duas desengonçadas irmãs só riam dela, que vivia a cozinhar, lavar, esfregar o chão. "Hoje você está tão cinzenta, Cinderela...", zombavam.

A moça não se fazia de rogada. Trabalhava muito e mantinha sempre o bom humor e a esperança, sentimentos típicos de quem tem a alma refinada.

Certa vez, uma notícia se espalhou rapidamente, que nem fogo, pela pequena cidade. Todos comentavam a grande festa que seria realizada pelo filho do rei. O príncipe faria um baile que aconteceria durante duas noites consecutivas, no sábado e no domingo. O evento prometia luxo, alegria e divertimento sem igual.

As duas irmãs ficaram deslumbradas, assanhadas, excitadas com a notícia. Na casa delas, só se falavam em roupas, joias, penteados, maquiagem. Esse era, de fato, o assunto mais comentado por todas as casas do reino.

Como mandava a moda daquele tempo, lá em mil setecentos e pouco, as mulheres preparavam perucas cacheadas, longas, feitas em camadas, um pó de arroz bem branco para cobrir o rosto, umas pintas falsas, feitas com bolinhas de veludo preto que eram grudadas na cara, para dar um ar sensual. Os vestidos e corpetes tinham golas rendadas, as saias eram colocadas em camadas, a toalete era toda bem complicada.

Para Cinderela, aquela animação toda das irmãs significava apenas mais trabalho árduo. Era passar o punho de rendas da camisa de uma irmã, engomar a saia de outra. Todos os dias elas experimentavam novas possibilidades de trajes para o baile.

As duas queriam estar impecáveis, mas nem tentando amarrar os espartilhos bem firmemente em volta das cinturas elas conseguiam se aproximar de uma silhueta elegante como a de Cinderela. Muito pelo contrário... Os espartilhos chegavam a arrebentar com a simples respiração.

Eis que chegou o grande dia. Quer dizer, a grande noite.

As irmãs, ansiosas, ficavam andando de lá pra cá, se trombando no meio dos preparativos das roupas. Chamavam Cinderela o tempo inteiro para ajudar.

"Abotoe aqui, penteie o cabelo atrás, passe melhor essa gola..."

Do jeito que era tratada com desdém, qualquer moça naquela situação faria uns penteados tortos, umas tranças mal amarradas... Mas Cinderela, não. Ela era pura demais de coração.

Quando as duas partiram para a festa, Cinderela ficou sozinha por alguns instantes na casa até que sua madrinha foi lhe fazer uma visita. A boa senhora percebeu que algumas lágrimas de tristeza tinham a pouco escorrido pelo belo rosto da menina, que as enxugara rapidamente.

"O que foi, minha filha?"

Cinderela explicou-lhe sobre o desejo de ir ao baile e a madrinha, que era uma fada secreta (até então ela não tinha revelado à afilhada esse seu dom), resolveu que já era tempo de ajudar a menina de modo efetivo e certeiro.

"Nada de se acomodar na tristeza. Vamos à luta!", exclamou para a afilhada. Ela tirou sua varinha de condão debaixo do saiote — era uma varinha pequena, mas potente — e pediu à moça imediatamente uma abóbora.

Cinderela pegou uma grande abóbora da cozinha e a madrinha cortou sua tampa. Tirou a polpa, deixou-a oca e bateu com a varinha nela três vezes. Eis que ela se transformou em uma carruagem arredondada, toda feita de ouro e pedras preciosas.

Cinderela mal podia acreditar naquilo que seus olhos viam.

"Muito bem, agora vamos aos próximos equipamentos de transformação!", dizia a madrinha, animada com sua primeira mágica da noite.

"Vejamos o que poderá servir de cavalos."

A casa tinha problemas com ratos. A madrinha olhou para a ratoeira e achou seis ratinhos. Abriu-a um pouquinho e, à medida em que os ratinhos escapavam, ela encostava a varinha em seus corpos, transformando-os imediatamente em seis lindos cavalos cinzas.

Agora faltavam os cocheiros. Como não estava com a criatividade muito aguçada, resolveu transformar duas grandes ratazanas, que rondavam pelos cantinhos da casa, nos tais homens. E, plaft, lá se tornaram eles, musculosos e gentis cocheiros, prontos para conduzir Cinderela.

Olhando para a mocinha, cada vez mais encantada, a madrinha pensou no vestido. "O da primeira noite será todo branco, brocado com fios de prata e safiras", determinou. Bateu com a varinha nos ombros da moça três vezes e pronto. Ela já estava trajada luxuosamente.

A moça estava mesmo deslumbrante. Mas a madrinha ainda se lembrou de um detalhe: o sapato.

Não poderia ser um sapato comum. Ela teria que pensar em algo especial, excepcional para aquela gentileza em pessoa, que era sua afilhada.

"Você vestirá sapatos de cristal. Só você possui delicadeza para andar sobre eles sem quebrá-los", concluiu. E, batendo com sua varinha nos pés da moça, fabricou magicamente os tais sapatinhos.

"Agora, Cinderela, preste bem atenção. Como qualquer forma de magia, há restrições sérias a tudo isso. Quando o relógio der meia-noite tudo que é encantado irá se desfazer: a carruagem vai voltar a ser abóbora, os cocheiros a serem ratazanas, os cavalos a serem ratinhos, o vestido de prata será de novo seu uniforme sujo e surrado."

Cinderela então foi correndo para o baile, sabendo que teria de voltar para casa bem antes desse trágico momento.

Ao chegar na festa, todos viraram a cabeça para ver "quem era aquela princesa linda, luxuosa e desconhecida", que estava atrasada para o baile.

O príncipe, então, não desgrudou os olhos dela.

Convidou-a para dançar, ofereceu a ela uns pratos exóticos, umas frutas diferentes que ela nunca tinha visto antes. Educadíssima, ela ofereceu aquelas maravilhas para outras convivas, incluindo as duas irmãs, que teimavam em ficar bem perto daquela linda princesa.

Na hora do banquete, Cinderela deu uma verdadeira aula pública de etiqueta. Garfo e faca em punho, ela comia de forma tão elegante que os alimentos deslizavam do seu prato a sua boca. Quando o relógio bateu onze e meia, ela foi saindo o mais cedo que pôde. Reverenciou o príncipe, entrou na carruagem e quando soou meia noite ela já estava de volta às cinzas de sua lareira.

A carruagem voltara a ser uma abóbora e tudo parecia igual ao que era antes. Mas apenas parecia...

No dia seguinte, as duas irmãs só falavam na tal misteriosa princesa.

"Você precisava ver, Cinderela, que deslumbrante. E que cordial. Ela até nos ofereceu umas frutas diferentes, sorriu para nós...O príncipe não desgrudava o olhar dela."

Cinderela permaneceu serena, embora internamente ela estivesse com um certo frio na barriga. Também tinha adorado o príncipe.

Chegou a hora da derradeira noite do baile. Depois que as duas irmãs se foram, a fada madrinha chegou à casa para ajudar Cinderela mais uma vez. Voltou a transformar a abóbora em carruagem, os ratinhos em cavalos, as ratazanas em cocheiros.

O vestido de Cinderela, dessa vez, era ainda mais deslumbrante que o primeiro: todo rosa, costurado com fios de ouro e diamantes! Tamanho era o brilho que ele chegava a ofuscar.

Depois foi a vez dos mesmos delicados sapatinhos de cristal.

Tudo pronto, Cinderela correu para perto do príncipe. Quando chegou, o furor foi ainda maior que o da noite anterior. Todos queriam rever aquela princesa esplendorosa que não conheciam. Quem seria ela?

O príncipe, dessa vez, não a deixou sozinha nem por um minuto. Conversaram, dançaram, riram juntos, a noite toda. Tudo estava tão maravilhoso que a menina se esqueceu da hora. Quando de repente o relógio deu meia noite, ela se desesperou. Saiu correndo feito louca, com medo de que tudo voltasse a ser o que era antes bem ali, na frente dele.

Ela conseguiu evitar isso. Só que, na correria, ao descer as escadas do palácio, Cinderela deixou cair um dos sapatos de cristal. Foi tudo o que restou para o saudoso príncipe, que abraçava o sapatinho pequenino, leve e transparente, e fazia de tudo para tentar descobrir a quem pertencia. Quem era ela? Onde estaria? Por que fugira?

Completamente apaixonado, o príncipe decretou desde então uma lei: todas as moças daquele reino deveriam provar o tal pé do sapato de cristal que ele havia resguardado do baile.

O príncipe iria pessoalmente com seus guardas passar por todas as casas e testemunhar as provas. Aquela moça em quem o sapato servisse se casaria com ele.

Imagine a euforia das moças! Na casa de Cinderela, as irmãs cuidadosamente preparavam os pés para a prova. Era escalda-pés aqui, óleo de lavanda ali, massagens acolá... Na hora H, o príncipe chegou com sua guarda.

Tentaram a primeira.O sapato inteirinho só cabia na ponta do seu pé, de tão gigantesco que era.

O pé da outra era gordo e redondo como um pão de queijo e por isso, também não entrava sequer na metade do sapato.

Os guardas, cansados, agradeceram a tentativa e se despediram, quando o príncipe, não sei por que, intuitivamente, perguntou: "Mas não tem mais ninguém aqui?".

"Não, não tem", afirmou uma irmã. "Só tem a empregada, que vive suja de cinzas e nem sequer sonharia em ir ao baile", disse a outra.

O príncipe insistiu que todas teriam de provar o tal sapato. E você pode imaginar com que facilidade ele escorregou e entrou no pé da moça! Imediatamente, ela tirou do bolso do avental o outro pé do sapatinho e calçou-o. Neste mesmo momento, a fada madrinha apareceu, bateu com a vara delicadamente sobre os ombros da moça e trouxe de volta seu magnífico vestido de ouro e diamante.

Todos ficaram boquiabertos.

O príncipe estava mais apaixonado do que nunca. Casou-se em duas semanas com Cinderela. E ela, a boa e bela garota, não condenou as irmãs pelo modo como a trataram no passado. Seu coração nobre, ao contrário, soube perdoá-las perfeitamente. Três meses depois de suas bodas, ainda casou as duas com dois nobres rapazes da corte.

MORALIDADE

Cinderela será sempre a mais bela
Não importa se de vestido brocado
Ou uniforme mal apanhado
Ela é a única capaz de alegrar a vida do príncipe
Quando a gente tem bom coração
O rosto gracioso e a alma refinada
Não há mais nada
Que nos impeça de encontrar a verdadeira paixão
No início a menina sofreu de má sorte
Mas depois foi compensada com a magia do norte
Ganhou adereços, presentes e chamou a atenção
Conquistou seu amor verdadeiro
E foi feliz no momento derradeiro.

CINDERELA DOS IRMÃOS GRIMM

Sua mãe estava muito doente e, ao perceber que ia morrer em breve, chamou sua única filha e lhe disse:

"Minha querida, seja uma moça boa e obediente que eu sempre estarei olhando por você. Onde quer que eu esteja, irei sempre ajudá-la. Nunca se esqueça disso."

E faleceu.

Chegou o inverno e a neve recobria toda a cidade. E quando veio a primavera com as primeiras flores, seu pai já tinha se casado novamente. Sua nova esposa era bela, mas muito arrogante e metida. Ela tinha duas outras filhas, que se pareciam com a mãe no jeito e na personalidade.

Tanto que elas puseram a pobre órfã totalmente alheia à família, obrigando-a a dormir na cozinha e a fazer os serviços pesados da casa. Ela cozinhava, limpava, acendia o fogão à lenha e recolhia todas as cinzas. É por isso que foi apelidada com o nome de Cinderela.

Pois Cinderela tinha agora uma vida dura e entristecia-se ao pensar na perda do carinho da mãe. Mas não desistia de sonhar e de buscar sua felicidade.

Um dia, o pai foi fazer um longo passeio à pé pelas redondezas.

"Meninas, estou saindo. Vocês querem que eu lhes traga alguma coisa?"

"Eu quero um par de brincos novos, de pérolas", gritou a mais velha.

"Eu quero um vestido rodado, para o verão", falou a outra.

"E você, Cinderela?"

"Eu quero que me traga o ramo de folhas que roçar no seu chapéu quando você estiver caminhando, meu pai", pediu Cinderela, muito singela.

"Só isso?", perguntou o pai.

As duas meio-irmãs riram dela.

O pai trouxe tudo o que prometeu na volta.

Cinderela plantou o ramo no quintal e regou-o com água e com as lágrimas que escorriam de seus olhos quando ela sentia muita saudade da mãe.

Ao final de um ano, o ramo transformou-se em uma linda árvore. Sobre ela, uma linda pomba branca foi fazer seu ninho.

A pombinha revelou-se mágica. Ela conversava com Cinderela e a ajudava em tudo o que fosse possível.

Certa vez, o rei daquele país resolveu fazer uma festa. Seriam três noites de celebração, para introduzir seu filho, o príncipe, na sociedade local e permitir que ele escolhesse uma noiva para se casar.

Não se falava em outra coisa em todas as casas.

As duas irmãs se alvoroçavam para deixar suas roupas de festa em dia.

"Cinderela, passe essa fita de cetim."

"Cinderela, engraxe esses sapatos."

"Cinderela, costure essa alcinha do vestido."

Cinderela estava exausta só com o começo dos preparativos.

"Madrasta, você me deixaria ir ao baile também?", perguntou ingenuamente.

A mulher olhou para ela e deu uma risadinha.

"Como é que você quer ir? Com seus trapos sujos de cinza?"

A menina chorou muito.
E a madrasta fez ainda uma ironia.
Despejou um imenso balde de ervilhas no meio de montes de cinzas do fogão a lenha. E disse:
"Faremos assim. Se em uma hora você conseguir recolher todas as ervilhas das cinzas e me trouxer tudo, eu a deixo ir ao baile."
Cinderela percebeu que aquilo seria impossível de ser feito sozinha.
Mas a pombinha mágica ouviu-a e disse:
"Pode deixar, eu e minhas colegas faremos o serviço para você, minha menina."
E em meia hora toda a ervilha já tinha sido colhida.
Cinderela apresentou a bacia para a madrasta.
"Ah, não, acho que facilitei demais. Agora serão duas bacias em vez de uma e se você conseguir, aí sim, vou permitir que vá ao baile."
E jogou duas enormes bacias de ervilhas na cinza.
A pombinha voltou para confortar Cinderela.
Chamou outras pombinhas, andorinhas, bem-te-vis, pardais, rolinhas. Todo mundo veio ajudar e em quarenta minutos tudo estava colhido nas duas bacias.
Cinderela apresentou-as para a madrasta, mas ela disse:
"Mesmo que eu deixasse, você seria proibida de entrar no palácio real com essas roupas. Desista, menina. Esse baile não foi feito para você..."

Virou-se de costas e não deu mais chance de conversa.

Chegou a grande noite e as duas irmãs partiram, todas muito arrumadas, com a mãe e o padrasto a tiracolo. Cinderela ficou sozinha em casa, triste, muito triste.

Resolveu, então, pedir ajuda para a pombinha da árvore:

"Minha querida amiga,
estou tão aflita,
quero muito ir ao baile,
mas não tenho nada.
Você pode me criar
um vestido de ouro e prata?"

E a pombinha sacudiu a árvore e dela caiu um vestido reluzente, que cobriu exatamente o corpo da menina. Cinderela ficou linda!

Da árvore ainda caíram um par de sapatinhos de cetim e uma tiara de pérolas para ela colocar na cabeça.

Quando chegou ao baile, ninguém a reconheceu. O jovem príncipe parou o que estava fazendo, reparou naquela moça tão graciosa e tirou-lhe para dançar.

Os dois dançaram juntos a maior parte das músicas e quando alguém mais se aproximava para convidá-la, ele dizia: "Essa moça está comigo." E a pessoa desistia.

Quando o baile dava sinais de terminar, a menina saiu correndo e fugiu, com medo de que sua família chegasse antes e desse a falta dela.

Ela correu para casa e o príncipe foi atrás, mas ela escondeu-se no pombal e ele perdeu sua pista.

Na noite seguinte, as duas meio-irmãs partiram novamente com os pais.

Cinderela foi cantar para sua pombinha na árvore:

*"Minha querida amiga,
estou tão aflita,
quero muito ir ao baile,
mas não tenho nada.
Você pode me criar
outro vestido de ouro e prata?"*

E a pombinha sacudiu-se na árvore. De cima dela, caiu um novo vestido, ainda mais belo e brilhante que o primeiro. Ele escorregou e vestiu a menina, que ficou linda.

Ainda caiu da árvore um par de sapatinhos bordados de lantejoulas prateadas, que brilhavam quando ela andava.

Assim, ela chegou à segunda noite do baile.

O príncipe sorriu quando a viu e dançou com ela a noite toda.

Quando alguém se aproximava, ele dizia:

"Essa moça é meu par. E ninguém mais se atrevia a importunar."

Eles se divertiram muito juntos. Mas quando o baile deu sinal de terminar, Cinderela lembrou-se das irmãs e saiu correndo para chegar na frente. O príncipe, dessa vez, correu ainda mais rápido para ficar junto dela.

Cinderela escondeu-se em sua querida árvore e ouviu o moço perguntando a seu pai:

"A donzela com quem eu dancei a noite toda saiu correndo do baile e escondeu-se por aqui. Por acaso o senhor sabe quem seria?"

O pai disse que não. Não poderia ser Cinderela, mesmo porque ela já havia entrado na cozinha e dormia em meio às cinzas, perto do fogão.

Na terceira noite do baile, as meio-irmãs partiram e Cinderela voltou-se mais uma vez para a pombinha:

"Minha querida amiga,
estou tão aflita,
quero muito ir ao baile,
mas de novo não tenho nada.
Você pode me criar ainda
outro vestido de ouro e prata?"

A pombinha assim o fez. Sacudiu-se novamente de cima da árvore e jogou um vestido todo brocado de ouro com detalhes em prata, ainda mais deslumbrante. Depois jogou um par de sapatinhos dourados, tão reluzentes que pareciam espelhos.

A menina vestiu-se, agradeceu e partiu.

Dessa vez o príncipe já lhe aguardava do lado de fora.

Quando ela chegou, o moço ficou encantado. Dançou com ela a noite toda.

E se alguém ousasse chegar perto, ele dizia:

"Ela é meu par e em breve será minha noiva!"

E o baile foi chegando ao fim.

E a moça tentou fugir correndo, enquanto o príncipe a seguia.

A pressa foi tanta que ao descer as escadas, um dos sapatos dourados escapuliu do seu pé. Não ouve tempo para voltar e calçá-lo.

O príncipe perdeu a moça de vista, mas recolheu o sapato como pista.

"Vamos revistar os pés de todas as moças do reino", ordenou o príncipe para seus guardas. "Quem conseguir calçá-lo com perfeição será minha esposa."

Assim foi feito. O príncipe visitou uma a uma as casas daquele reino. Mas nada de o sapato caber nas moças. Era um sapatinho pequeno e delicado demais para qualquer mocinha.

Até que chegou à casa da família de Cinderela.

A mãe chamou sua filha mais velha, que tentou calçá-lo.

"Ai, mãe, está apertado demais", reclamou.
"Vai ter de entrar.... Corte esse dedão do pé."
"Mas, mãe.."
"Você não vai mais precisar andar a pé quando for princesa."

E, sem os guardas verem, cortou com a faca o dedão da filha.

Assim, o sapato serviu. A irmão enfiou-o e de dentro da carruagem seguiram ela, o príncipe e os guardas.

Só que ao passar por baixo da árvore plantada por Cinderela, o príncipe ouviu um canto:

"Principe, ó príncipe, ouça meu conselho.
Você foi enganado
Essa não é a moça a que veio
Repare no sangue que escorre pelo sapato."

E quando o príncipe olhou para o pé da moça viu o sangue começando a escorrer para fora do sapato.

"Guardas, voltem. Essa não é a moça."

Ao devolver a irmã, roxa de raiva e de vergonha, perguntou à madrasta:

"Tem outra por aqui?"

"Tem sim, meu príncipe." E apresentou-lhe a caçula.

A outra também provou o sapato, que também ficou apertado nela.

A mãe não quis nem saber.

"Vai ter de entrar. Quando for princesa, você não vai precisar dos pés."

E forçou o sapato com tanta força que arrancou parte de seu calcanhar.

Mas o sapato calçou. E o príncipe a colocou na carruagem, crente que tinha encontrado a moça certa.

Mas ao passar sob a árvore, ouviu novamente:

"Principe, ó príncipe, ouça meu conselho.
Você foi enganado
Essa não é a moça a que veio
Repare no sangue que escorre pelo sapato."

Olhou para o chão e viu o sangue começando a correr...

Ordenou então aos guardas.

"Podemos voltar. Essa não é a princesa."

Desanimado, o príncipe entregou a outra filha à mulher.

Perguntou apenas por desencargo de consciência:

"Não há mais nenhuma moça aqui, não é?"

"Não, não há", respondeu a madrasta.

"Na verdade, só há Cinderela, que vive maltrapilha e cheia de cinzas. Não será ela", explicou-lhe o pai.

"Mesmo assim quero vê-la", insistiu o príncipe.

Cinderela foi chamada. Lavou o rosto sujo de cinzas e apareceu. Vestiu facilmente o sapato dourado e sorriu. O príncipe a reconheceu, mesmo com aquelas roupas.

Nesse momento, a pombinha branca voou e pousou no ombro direito da menina.

Depois de algum tempo, foi feito o casamento.

Cinderela e o príncipe, lindos, de branco, faziam um belo e sereno casal.

As duas irmãs invejosas foram à cerimônia só para fazer fofoca e falar mal da pequena.

"Que ridícula que ela é... Fantasiada de princesa."

"Menina sem classe... Esse casamento não vai durar nada..."

Enquanto cochichavam, duas pombas voaram bem na direção delas e cada uma picou um olho de uma irmã. Depois trocaram de lado e picaram o outro olho, deixando cada uma delas cega.

PROPOSTAS DE OFICINAS

1) Compare as duas versões. Quais são as semelhanças? E as diferenças?

2) Qual das versões você prefere? Por quê?

3) Por que você acha que a versão de Perrault termina com um poema?

4) Como seria seu poema, se você fosse criá-lo para a versão dos irmãos Grimm?

5) Qual das duas versões é mais conhecida? Onde você a encontrou primeiro?

6) Como você acha que Hans Christian Andersen, que inventou a maioria de seus contos, ao invés de seguir a tradição dos recontos, faria uma Cinderela própria? Tente recontar (inventar).

7) Como Walt Disney refez a sua Cinderela no desenho animado? (se puder assista ao desenho animado em vídeo)

8) Qual o conto de Andersen que mais se aproxima de *Cinderela? Polegarzinha, O Patinho Feio, A Princesa e a Ervilha, A Pequena Vendedora de Fósforos, O Soldadinho de Chumbo* ou *A Roupa Nova do Rei*? Pesquise sobre essas histórias e procure semelhanças com as mensagens de Cinderela.

9) Faça uma ilustração bacana para ilustrar uma passagem importante de Cinderela, tal como Perrault a descreve. Desenhe, corte e cole, fotografe, pinte ou borde.

10) Agora faça uma ilustração para a Cinderela dos irmãos Grimm.

11) Os contos de fadas são textos que aceitam novas versões, de acordo com o estilo do autor e o contexto em que a história foi feita. Pois bem, como seria a sua história da Cinderela hoje? Escreva sua história (pode ser em prosa ou poesia. Ou uma combinação das duas).

12) Pesquise (na internet ou em livros) as diferentes ilustrações feitas por vários artistas, ao longo da história, que ilustraram Cinderela, de Gustave Doré e Walter Crane, até hoje na versão de ilustradores e artistas contemporâneos.

13) Agora ilustre sua própria versão. Capriche! Você pode usar vários materiais e métodos: desenhe, recorte imagens de revistas ou pedaços de tecidos, pinte, borde...

CHAPEUZINHO VERMELHO

CHAPEUZINHO VERMELHO DE CHARLES PERRAULT

Era uma vez uma linda menina camponesa e meio acanhada. Ela adorava ficar em casa, brincar e olhar as estrelas no céu, à noite.

Quando completou treze anos, ganhou de aniversário um lindo chapeuzinho vermelho de presente de sua avó.

O chapeuzinho lhe caiu muito bem. Ficou uma graça! E a menina se sentiu feliz da vida com ele!

Um dia, a mãe lhe disse:

"Minha filha, fiz esses *croissants* para você levar para sua avó. Ela está meio doentinha e vai ficar feliz com sua visita. Vá, volte logo e tome muito cuidado. Leve esse pote de manteiga fresca também"

A menina colocou os pães e a manteiga em uma cesta, vestiu seu chapéu vermelho e foi caminhando em direção à casa da avó.

Passando por dentro do bosque, encontrou um lobo, que lhe perguntou:

"Para onde você está indo?"

A menina, que não sabia como era perigoso falar com estranhos, respondeu:

"À casa da minha avó, levar esses *croissants*."

O lobo bem que ficou com vontade de devorá-la ali mesmo, mas como havia lenhadores por perto, conteve-se.

"Onde fica a casa dela?", indagou como quem não quer nada.

A menina explicou.

Ele despediu-se e saiu correndo na frente dela.

O dia estava lindo, a menina se sentia feliz com seu charmoso chapéu vermelho e cantarolava. Resolveu pegar o caminho mais longo para aproveitar as flores, o sol, as borboletas. Simplesmente esqueceu-se do conselho de sua mãe e do cuidado que deveria tomar.

Enquanto a menina passeava, o lobo chegava à casa da avó. Ele bateu na porta.

"Quem é?", perguntou a velhinha com voz fraca.

"Sou eu, sua neta", respondeu o animal.

A avó, que não escutava muito bem, não percebeu que a voz da netinha estava bem diferente. Mas foi só a pobre senhora abrir a porta que o lobo a engoliu numa só abocanhada. A fome era muita, pois ele não comia nada por mais de três dias inteiros.

Com a avó dentro da pança, o lobo deitou-se na cama para fazer a digestão.

Nisso, chegou a menina. Bateu na porta.

"Quem é?", o lobo forçava a voz para que ela ficasse um pouco mais fraca e rouca, como o de uma vovó que se preza.

"Sou eu, sua neta."

"Entre, que a porta só está encostada", falou.

A menina estranhou um pouco aquele timbre de voz, mas estava contente e entrou.

Deitado na cama, coberto até os olhos, o lobo disfarçou-se de avó como pôde.

A menina mostrou a cesta com os pães e a manteiga, enquanto olhava para a avó, uma pouco desconfiada.

"Deixe tudo sobre a mesa, e venha deitar-se ao meu lado", disse o lobo numa vozinha mais ou menos fina.

A menina deitou na cama, olhou para o lado e achou que sua avó estava diferente.

"Vovó, que braços grandes a senhora tem..."
"É pra melhor te abraçar, minha neta", respondeu.
"Vovó, que pernas grandes a senhora tem..."
"É para melhor correr, minha querida".
"Vovó, que orelhas grandes..."
"São pra te escutar melhor, meu bem"
"Vovó, que olhos grandes..."
"São pra te ver melhor, filhinha..."
"Vovó, que dentes grandes..."
"São pra te comer!"

E, dizendo isso, o lobo atirou-se sobre a menina e comeu-a inteirinha.

MORALIDADE

Uma menina deve ter muito cuidado!
Não se pode esquecer um conselho que a mãe nos deu mesmo que uma só vez
Não que ele tenha que ser um fardo
Mas foi feito para ajudar a gente a manter a nossa sensatez
Meninas puras que nem pérolas
Meninas que não têm maldade em mente
Vocês devem saber que são só elas

Que sabem o que é bom para a gente
Não se deve iludir com as conversas de lobos e homens
Eles são charmosos e interessantes
Mas podem provocar dores de cabeça incessantes
O perigo está solto, atenção
Não se pode bobear nunca, não.

CHAPEUZINHO VERMELHO DOS IRMÃOS GRIMM

Em seu aniversário de doze anos, ela ganhou um chapéu vermelho de sua avó. O chapéu caiu-lhe tão bem que a menina não o tirava mais. Ficou conhecida então pelo apelido de Chapeuzinho Vermelho.

Um dia, sua mãe chamou-lhe e disse:

"Chapeuzinho Vermelho, vou enfim lhe confiar a missão de ir sozinha visitar sua avó. Ela anda meio adoentada e quero que lhe entregue esse bolo e esse vinho, que vão ajudá-la a recuperar suas forças. Agora preste atenção. É a primeira vez que você anda pelas ruas e cruza o bosque sozinha. Não dê atenção a nenhum estranho e não pare no meio do caminho, ouviu? Agora pode ir..."

E deu-lhe um bom beijo de mãe.

Chapeuzinho seguiu feliz da vida, confiante com a tarefa que envolvia um senso de responsabilidade. Tentou não desapontar a mãe. Atravessou as ruas com muito cuidado. Foi caminhando e cantando, contente também por poder encontrar a avó.

Quando caminhava pelo bosque, reparou na beleza das árvores. O verde estava bem vivo, cheirou uma flor que parecia um jasmim. E viu um animal que aproximou-se dela. Era um lobo:

"Onde vai, doce menina?"

"Eu vou levar essa cesta para minha avó, mas não posso parar para conversar com estranhos."

"Não sou um estranho. Sou apenas um lobo, bem conhecido, que vive há muito tempo aqui na floresta. Gostaria inclusive de dar-lhe uma sugestão. Ao invés de pegar a trilha reta e sem graça, vá contornando pela esquerda, onde você encontrará uma maior variedade de árvores e plantas com flores cheirosas, que vão alegrar ainda mais seu caminho."

A menina agradeceu e partiu pela esquerda. Tentou não conversar muito.

Mas o lobo já conseguira o que queria: que a menina pegasse o caminho mais longo, enquanto ele ia pelo atalho reto. Assim ele chegaria mais rápido à casa da avó. Daria tempo de devorá-la e ainda esperar a menina, que seria a sobremesa. O lobo, afinal, não comia há três dias e estava faminto.

Dito e feito. Ele chegou correndo à casa da avó e bateu na porta.

"Quem é?", perguntou a senhora.

"Sou eu, Chapeuzinho, vovó. Estou um pouco rouca, mas vim lhe trazer bolo e vinho."

A avó explicou que a porta estava destrancada. O lobo entrou e não perdeu tempo. Imediatamente, pulou sobre a velhinha e a engoliu.

Então pegou uma camisola de dentro do armário e vestiu-a. Colocou também uma touca, meias e deitou-se na cama, esperando a chegada de Chapeuzinho.

"Quem é?", perguntou tentando fazer uma voz de avó, quando a menina bateu na porta.

"Sou eu, vovó, Chapeuzinho. Posso entrar?"

"Pode. A porta está destrancada."

Ao ver a avó na cama, toda coberta, achou que ela estava mesmo doente e bastante estranha.

"Puxa, vovó, você não me parece mesmo nada bem. Esse nariz, está tão grande..."

"É para cheirá-la melhor, minha querida."

"E essas orelhas parecem enormes, vovó..."

"São para te escutar melhor, minha netinha."

"Esses olhos..."

"São para te ver melhor."

"E essa boca?"

"Ah, essa é para te comer melhor!" E dizendo isso, o lobo engoliu também a Chapeuzinho Vermelho.

Pesado que estava, com duas na barriga, deitou-se novamente na cama da vovó, para melhor fazer a digestão. E dormiu profundamente.

Um caçador passava pela vizinhança e estranhou o ronco tão alto da velhinha.

"Acho que ela não deve estar passando bem. Nunca ouvi uma senhora roncar tão alto", pensou. "É melhor eu dar uma olhada."

Ao entrar na casa, viu o lobo com a barriga inchada. Entendeu que ele deveria ter comido a vovó. Sua vontade era lhe dar uns tiros de espingarda, mas lembrou-se da avó.

"Terei de cortar apenas sua barriga, para arrancar a senhora com vida", pensou.

Pegou uma faca e cortou. Lá de dentro, saiu Chapeuzinho.

"Mas eu pensei que fosse uma senhora...", estranhou o caçador.

"É minha avó. Ela também está lá dentro", explicou a menina.

Abriram mais um pouco a barriga com a faca e retiraram então a velhinha.

As duas se abraçaram, emocionadas.

Como castigo, ao invés de matarem o lobo, encheram sua barriga aberta com um monte de pedras pesadas. Depois, costuraram tudo de volta. Quando ele tentou fugir, não conseguiu e ficou preso no próprio peso até morrer de fome.

A menina voltou para casa e beijou a mãe.

Jurou ter aprendido a lição.

Nunca mais parou para conversar com ninguém no meio do caminho.

Até que num belo dia, Chapeuzinho visitava a avó, quando bateram em sua casa.

"Quem é?", perguntou a avó.

"Sou eu, sua neta. Vim para lhe trazer bolo e vinho", disse uma voz estranha, tentando parecer infantil, que vinha do telhado da casa.

"Como esses lobos são repetitivos", pensou Chapeuzinho. "Não têm imaginação nenhuma para criar novas histórias."

A neta olhou para a avó, a avó olhou para a neta e, juntas, traçaram um plano.

"Pegue a água fervente, onde estou cozinhando linguiça, minha filha."

Elas colocaram a panela bem embaixo de onde vinha a voz.

O lobo sentiu aquele cheiro delicioso até que perdeu o equilíbrio e caiu do telhado.

Caiu bem em cima da panela e, é claro, foi cozido junto com a linguiça.

Depois disso, nunca mais lobo algum atrapalhou aquelas duas.

PROPOSTAS DE OFICINAS

1) Compare as duas versões. Quais são as semelhanças? E as diferenças?

2) Qual das versões você prefere? Por quê?

3) Por que você acha que a versão de Perrault termina com um poema? O que ele quer dizer?

4) Como seria seu poema, se você fosse criá-lo para a versão dos irmãos Grimm?

5) Qual das duas versões é mais conhecida? Onde você a encontrou primeiro?

6) Como você acha que Hans Christian Andersen, que inventou a maioria de seus contos, ao invés de seguir a tradição, faria uma Chapeuzinho Vermelho própria? Tente recontar aqui como seria a versão dele.

7) Qual o conto de Andersen que mais se aproxima de *Chapeuzinho Vermelho*? *Polegarzinha, O Patinho Feio, A Princesa e a Ervilha, A Pequena Vendedora de Fósforos, O Soldadinho de Chumbo* ou *A Roupa Nova do Rei*? Pesquise sobre essas histórias e procure semelhanças com as mensagens de Chapeuzinho Vermelho. Não esqueça de justificar o porquê de sua escolha).

8) Use várias técnicas para criar imagens e faça uma ilustração bem bacana para ilustrar uma passagem importante de Cha-

peuzinho Vermelho, tal como Perrault a descreve. Desenhe, corte e cole, fotografe, pinte ou borde.

9) Agora faça uma ilustração para a Chapeuzinho Vermelho dos irmãos Grimm.

10) Os contos de fadas são textos que aceitam novas versões, de acordo com o estilo do autor e o contexto em que a história foi feita. Pois bem, como seria a sua história de Chapeuzinho Vermelho hoje? Escreva sua história (pode ser em prosa ou poesia. Ou uma combinação das duas).

11) Pesquise (na internet ou em livros) as diferentes ilustrações feitas por vários artistas, ao longo da história, que ilustraram Cinderela, de Gustave Doré até hoje.

12) Agora ilustre sua própria versão. Capriche! Quem sabe você possa fazer uma bela exposição das diferentes versões, escritas e ilustradas, da história renovada.

13) A cor vermelha é tipicamente relacionada com o conto da Chapeuzinho. Que outras imagens se relacionam com essa cor? Desenhe algumas.

14) Se você fosse fazer uma cesta com coisas bem gostosas para a vovó, o que colocaria nela? Faça uma bela ilustração com suas guloseimas preferidas!

Este livro foi impresso pela Prol Editora Gráfica
para a Editora Prumo Ltda.